Comment l'Amérique
fut réellement décou[...] en 1492

CONFÉRENCE

PAR

Henry VIGNAUD

Président de la Société des Américanistes
Correspondant de l'Institut
etc., etc., etc.

CAHORS
IMPRIMERIE TYPOGRAPHIQUE A. COUESLANT
(personnel intéressé)

1922

Comment l'Amérique fut réellement découverte en 1492

CONFÉRENCE

PAR

Henry VIGNAUD

Président de la Société des Américanistes
Correspondant de l'Institut
etc., etc., etc.

CAHORS

IMPRIMERIE TYPOGRAPHIQUE A. COUESLANT

(personnel intéressé)

1922

Comment l'Amérique
fut réellement découverte en 1492

[A mon grand regret, mes défaillances physiques, compagnes obligées du grand âge, ne m'ont pas permis de faire cette conférence qui résume, sous une forme accessible à tous, les raisons que je me suis efforcé de développer depuis trente ans pour faire effacer du livre de l'histoire une des plus graves erreurs qui le déparent. Je la donne ici telle qu'elle aurait été faite].

MESDAMES ET MESSIEURS,

Le titre de cet article vous en indique l'objet. Peut-être cependant convient-il de mieux préciser cet objet et de vous dire nettement ce que je me propose de vous démontrer.

C'est entièrement par des documents de sources colombiennes que nous connaissons l'histoire de la découverte de l'Amérique, telle qu'on la trouve partout.

Résumée dans ses traits essentiels cette Histoire se formule de la manière suivante :

Christophe Colomb, le grand Génois, auquel on doit la plus grande des découvertes géographiques, appartenait à une famille de navigateurs dont il ne fut pas le premier amiral. Il fit ses premières études à la célèbre université de Pavie. Entraîné par sa vocation maritime, il prit la mer dès l'âge de 14 ans et parcourut pendant 40 ans toutes les mers connues. Ambitieux d'approfondir les secrets de la cosmographie, il recherca la compagnie des savants, lut leurs ouvrages et, mettant à profit son expérience personnelle, il se convainquit que, contrairement à l'opinion généralement accréditée, l'espace maritime qui séparait les deux extrémités du monde à l'Ouest n'était pas considérable et qu'on pourrait, en le franchissant, arriver bien plus aisément aux Indes qu'en prenant la voie de l'Est par le cap de Bonne-Espérance.

Fort de cette conviction, il se rend au Portugal qui était alors le centre des entreprises maritimes lointaines et propose au Roi Jean II la découverte qu'il méditait. N'ayant pas été écouté il porte ses propositions en Espagne et, après des années de pénibles sollicitations, il obtient, en 1492, le concours des Rois Catholiques et peut mettre son projet à exécution. Le résultat fut la découverte des Antilles qu'il prit pour les îles de la mer des Indes et celle du continent Occidental qu'il prit pour les extrémités orientales de l'Asie.

Telle est, substantiellement, l'histoire de la découverte de l'Amérique que nous enseignent les auteurs. Il n'y a pas d'exceptions à cet égard. Quel que soit l'ouvrage que vous ouvriez, français, anglais, espagnol, italien, allemand ou autre, dans lequel il est question de la découverte de l'Amérique, vous y trouverez la même version. Son acceptation générale a des conséquences logiques qui se laissent facilement voir et que la critique n'a pas manqué de mettre en lumière.

Colomb, nous dit-elle, n'était pas un vulgaire aventurier qui parcourait les régions nouvelles pour y découvrir quelque terre ou île dont il pourrait tirer profit. Il était mû par une idée plus élevée. Il avait bien prévu qu'au cours de son exploration dans la direction de l'Ouest il découvrirait quelque terre jusqu'alors inconnue et il s'était préparé en conséquence ; mais son ambition était plus haute ; il voulait découvrir une route plus courte pour aller aux Indes des Epices et assurer par là à l'Espagne, qui l'avait accueilli, le monopole de ces riches denrées. C'est en tentant de mettre à exécution ce grand dessein que l'Amérique fut découverte.

Cette conception de l'objet de la grande entreprise de 1492 est si solidement accréditée qu'il semble qu'il n'y ait pas lieu de la discuter et que celui qui entreprendrait de le faire, s'exposerait au reproche de violer les règles de la saine critique pour s'égarer dans des hypothèses excentriques...

C'est cependant ce que je me hasarde à faire. Je prétends vous montrer que non seulement cette manière d'expliquer la découverte de l'Amérique, ne repose sur aucun fait avéré, sur aucun document valable à cet égard, sur aucun témoignage incontestable, mais encore qu'elle est en contradiction avec tout ce que nous savons de source certaine relativement aux particularités qui ont précédé, accompagné et suivi ce grand événement.

Je vais au devant d'une objection qui doit naturellement se présenter à votre esprit.

Comment se fait-il, vous dites-vous, que pendant trois siècles tant d'auteurs éminents aient accepté sans réserve une version du plus grand fait de l'histoire moderne qui n'aurait aucune base sérieuse ? Comment se fait-il qu'un historien illustre comme Washington Irwing qui a scrupuleusement étudié tous les documents connus se rapportant à ce fait, n'ait pas vu leur insuffisance ? Comment se fait-il que d'autres, après lui, et tout aussi compétents, comme Ruge, comme Roselly de Lorgues, comme Harrisse, comme Tarducci, comme Asensio, soient arrivés aux mêmes conclusions ?

Faut-il donc penser que ces auteurs, qui forment légion, manquaient de sens critique ? Nullement. Au temps où ils écrivaient tous, Harrisse excepté peut-être, qui a relevé bien des erreurs propagées par la tradition, mais qui aurait dû voir plus loin, on était justifié à voir les choses comme ils les ont vues, car ils s'appuyaient sur des documents qui semblaient péremptoires.

Chose extraordinaire, qui n'a pas été assez remarquée et sur laquelle il faut appeler l'attention, l'Histoire de la découverte de l'Amérique, cet événement mémorable entre tous, par lequel la face du monde fut changée, ne fut connu de la postérité, dans son origine et dans ses détails essentiels, que par des témoignages de sources colombienne. Les documents qui nous renseignent explicitement à ce sujet sont les suivants qui sont tous, en effet, de provenance colombienne.

1. Une lettre datée de 1474 attribuée à l'astronome Toscanelli, dans laquelle il conseille à Colomb de se rendre aux Indes par la voie de l'Ouest. Lettre produite par les Colomb et connue d'eux seuls.

2. Le Journal de Bord du premier voyage de Colomb, dont le texte original est perdu, mais dont nous possédons une longue analyse par Las Casas.

3. Une lettre que Colomb aurait écrite aux Rois Catholiques dans laquelle il leur rappelle qu'ils lui ont ordonné de se rendre aux Indes par une autre voie que celle suivie par tout le monde, lettre non datée,

inconnue de tout le monde, excepté de Las Casas, qui l'a placée en tête de son analyse du Journal de Bord.

4. La lettre de Colomb à l'*escribano de racion* du 24 février 1493, dans laquelle il dit qu'il est allé aux Indes et qu'il en revient.

5. Les deux lettres de Colomb de 1498 et de 1503 où il raconte son troisième et son 4ᵉ voyage aux Indes *asiatiques* et donne les raisons cosmographiques de son système.

6. La Biographie de Colomb par son fils Fernand, ouvrage dont on n'a qu'une version italienne publiée en 1571.

7. L'Histoire des Indes par Las Casas, écrite d'après les papiers de Colomb et terminée vers 1562.

8. L'histoire des hauts faits des Castillans, par Herrera, ouvrage datant de 1601, écrit, en ce qui concerne Colomb, d'après Las Casas, dont toutes les opinions sont acceptées.

Ces documents forment un ensemble si imposant, si abondant en détails précis, véridiques pour la plupart, et qui ne se trouvent que là, ils expliquent d'une manière si plausible l'assertion de Colomb que son objet, en 1492, était les Indes asiatiques, qu'en l'absence de toute contradiction qui ne vint de personne et dont les éléments, d'ailleurs, ne furent réunis que de nos jours, il était tout naturel qu'on se rapportât complètement à eux, sans la moindre hésitation. La version colombienne du grand événement s'accrédita donc facilement et aujourd'hui elle est tellement ancrée dans l'histoire qu'il semble impossible de l'en sortir.

Lorsque tous les auteurs, y compris les mieux renseignés et ceux auxquels le véritable esprit critique ne manquait pas, entraient dans cette voie, la vie du découvreur de l'Amérique était mal connue et on ne savait guère de lui que ce que lui-même et les siens ont dit. Des recherches subséquentes ardemment poursuivies dans les archives du Portugal, d'Espagne et surtout d'Italie, ont fini par modifier les idées qu'on s'était faites sur le grand Génois en le montrant sensiblement différent de ce qu'il était d'après la tradition admise.

Ainsi, il fallait désormais se résigner à reconnaître que, contrairement à ce qu'on avait cru jusqu'alors, il n'était pas d'une famille de navigateurs et n'avait eu pour ancêtres que des tisserands, qu'il n'était pas assez âgé pour avoir fait tous les voyages qu'il assurait avoir faits et qu'il n'avait pas pris la mer à 14 ans, puisqu'à sa vingt-deuxième année il était encore tisserand. Il devint certain aussi qu'il n'avait pas fréquenté l'Université de Pavie et qu'il n'avait que des connaissances élémentaires dues à des lectures tardives.

La constatation de ces vérités ne fit cependant aucun tort à Colomb. La dignité de sa vie en Portugal et en Espagne, sa fidélité aux Rois Catholiques qu'il s'était engagé à servir, sa persévérance, son énergie et surtout ses malheurs immérités, effacèrent tous les faits qui pouvaient entacher sa mémoire et on continua à voir en lui le glorieux découvreur du Nouveau-Monde qui, pour faciliter son œuvre, avait été obligé de se donner pour ce qu'il n'était pas.

Les nouvelles données acquises sur la personnalité de Colomb et sur ses antécédents, sans nuire à sa gloire, eurent néanmoins pour conséquence de montrer la nécessité d'instituer une nouvelle et plus profonde enquête sur tous les faits relatifs aux origines de la découverte de l'Amérique et sur la valeur de la tradition colombienne dans ce qu'elle a d'essentiel. Il est évident, en effet, que si cette tradition a accrédité nombre de faits inexacts, quoique sans importance, elle peut aussi nous avoir induits en erreur sur le fait principal qu'elle a pour objet de faire connaître.

Cette enquête nécessaire fut malheureusement menée tardivement, mais j'ose dire que c'est celui qui vous parle qui l'a poussée à fond et qui l'a conduite aux conclusions que je vais maintenant exposer. Le premier point à élucider était de voir dans quelle mesure les informations de sources colombiennes étaient confirmées par celles ayant une autre origine.

Eh bien ! à la grande surprise de ceux qui prirent part à ce travail de révision critique, on trouva qu'elle ne l'étaient pas du tout. Seuls les Colomb savent que la destination de l'entreprise de 1492 était les Indes orientales. Aucun des historiens et chroniqueurs du temps ne connaît ce fait.

Oviedo, qui était historiographe de Castille, qui assista à la réception triomphale qu'on fit à Colomb au retour de sa découverte, qui le connaissait personnellement, ainsi que les membres de sa famille et plusieurs de ses compagnons de voyage, ignore qu'il ait jamais été question, en 1492, d'aller aux Indes et dit, en toutes lettres, que l'objet de l'entreprise était la découverte des îles mêmes qui furent découvertes. Gomara tient le même langage. Nulle part, chez les contemporains, on ne trouve la moindre allusion à un autre dessein.

Un silence aussi général, de la part des contemporains, aussi complet, car il ne souffre pas d'exception, est déjà une preuve suffisante que le dessein de Colomb, en 1492, n'était pas celui que lui attribuent les documents d'origine colombienne. Dira-t-on que ces auteurs ont pu ignorer le fait ? Comment ! Colomb passe aux cours de Portugal et d'Espagne une douzaine d'années en pressantes sollicitations pour faire accepter son projet, il en entretient toutes les personnes qui pouvaient lui être utiles auprès des souverains, qu'il suit dans leurs déplacements afin de ne pas perdre l'occasion de les approcher, il obtient en Portugal et en Espagne qu'on renvoie ses propositions à une commission devant laquelle il comparaît et s'explique, et aucun auteur du temps n'aurait su ce qu'il voulait faire ! Le savaient-ils et jugèrent-ils inutiles d'en parler ? Mais s'il s'agissait réellement de mettre la Castille en communication directe avec l'Inde des épices, c'était là un projet considérable dont la réussite eût assuré à la Péninsule hispanique des avantages incalculables !

On voit l'invraisemblance de ces suppositions. Mais en admettant qu'elles soient fondées, il y a d'autres preuves que le silence des contemporains qu'on ne peut s'en rapporter à la tradition sur le caractère de l'entreprise de 1492. Il y a la déclaration de Rodrigo Maldonado, Gouverneur de Salamanque et membre de la commission à laquelle fut renvoyé le projet de Colomb, qu'il ne fut question, dans cette commission, que des îles qui furent découvertes ; il y a le texte officiel des capitulations signées entre les R. Catholiques et le grand Génois où il est expressément stipulé qu'il s'agit d'îles nouvelles à découvrir ; il y a enfin le Journal de Bord de la grande entreprise, journal long et très détaillé, où Colomb s'étend sur ce qu'il veut faire et où il ne dit pas un mot des Indes asiatiques ! Enfin il y a les actes, les propos de Colomb avant son premier voyage et les faits de cette période auxquels il a été mêlé qui contredisent sa prétendion d'avoir toujours voulu se rendre aux côtes orientales d'Asie.

Arrêtons-nous un instant sur cette dernière série de preuves qui, quoique indirectes, sont néanmoins très suggestives.

Fixé à Lisbonne, en 1477, Colomb épouse la fille du colonisateur de Porto-Rico, Perestrello, dont la veuve lui communique les papiers de son mari dans lesquels Fernand Colomb nous dit expressément que son père trouva l'idée de son entreprise, informations que Las Casas confirme.

Ainsi, d'après les deux auteurs qui tenaient de plus près à Colomb et qui n'ignoraient rien de ce qui le concernait, l'idée première de son projet fut puisée dans les papiers d'un Portugais qui n'était ni navigateur, ni cosmographe, mais qui avait vécu dans le commerce des hommes de mer du temp et qui devait connaître tout ce qui se rapportait aux îles de l'Atlantique découvertes ou à découvrir, îles dont il s'était toujours occupé.

Son plan conçu, Colomb fait des ouvertures au roi Jean II de Portugal qui le renvoie à une junte de cosmographes auxquels il explique son dessein. Nous ignorons ce qu'il leur dit, mais nous savons que sur leur conseil on envoya une caravelle dans la direction qu'il avait indiquée pour s'assurer de la vérité de ses assertions et que ce procédé indigna Colomb qui quitta le Portugal en se promettant d'être à l'avenir plus réservé dans les explications qu'il donnerait.

En Espagne, où il perd plusieurs années en vaines démarches, Colomb échoue encore et quitte la cour pour se rendre à la Rabida d'où il compte partir pour France. Mais à ce monastère son sort change ; le prieur du couvent, le Père Pérez, ancien confesseur de la Reine, s'intéresse à lui, le met en rapport avec Martin-Alonzo Pinzon, marin influent de Palos, intervient personnellement auprès de la Reine et le fait rappeler à la cour. Econduit encore une fois, Colomb allait s'éloigner définitivement lorsque l'intervention d'un grand personnage, Luis de Santangel, trésorier d'Aragon, le fit agréer. Las Csaas nous a conservé le langage que ce clairvoyant fonctionnaire tint aux Rois Catholiques pour les ramener à Colomb et on n'y trouve pas l'allusion la plus éloignée à la route des Indes par l'Ouest ; il n'y est question que des îles à conserver à la couronne dont parlait le futur amiral. Il tombe sous le sens que Santangel n'aurait pas manqué d'appeler l'attention des souverains sur l'intérêt qu'ils avaient à être mis directement en communication avec l'Inde s'il avait été question de cela.

C'est le Père Pérez, qui s'était dévoué à Colomb et qui était resté à la cour pour le seconder dans ses démarches, qui rédigea les fameuses capitulations qui le liaient aux Rois Catholiques et où, en échange des privilèges qui lui sont accordés, il n'apporte que des îles à découvrir qu'il assure connaître.

Muni des pièces nécessaires pour l'exécution de son dessein, Colomb se rend à Palos où, contrairement à ce qu'il espérait, il trouve de si grandes difficultés à l'organisation de son entreprise qu'il est obligé de s'assurer le concours de Pinzon dont l'influence et les moyens d'action étaient considérables. Nous ne pouvons que faire des suppositions sur les conditions auxquelles il obtint ce concours, car les documents manquent sur ce point, et comme Pinzon mourut au moment même où l'expédition revenait de la grande découverte, son témoignage fait défaut. Las Casas croit que ce marin contribua financièrement à l'entreprise et nombre de faits confirment cette supposition.

Mais cette question n'est pas la seule qu'il y avait entre Pinzon et Colomb. Nous savons par des témoignages authentiques que Pinzon avait rapporté de Rome des renseignements séduisants sur Cypangu (le Japon), et qu'il était décidé à aller à la découverte de cette île lorsque Colomb arriva à Palos et se vit dans la nécessité de s'adresser à lui. Nous savons, par d'autres témoignages, qu'après s'être entendu avec Colomb, Pinzon ne réussit à rallier les gens de mer à l'entreprise projetée qu'en leur parlant de Cypangu et des richesses qu'on pouvait y acquérir.

Toutes les difficultés surmontées, l'expédition mit à la voile pour sa destination inconnue. Si Colomb visait l'une des régions de l'Asie orientale, il n'avait qu'à se diriger directement vers l'Ouest ; mais il se rendit d'abord aux Canaries où il se mit en route en prenant le 28° parallèle qu'il suivit pendant tout le cours du voyage, et dont il ne voulait pas s'écarter. Mais avant de partir il donna par écrit une instruction importante aux chefs de service de son escadrille : celle de modérer la navigation après avoir fait 700 lieues à l'occident des Canaries, et Fernand Colomb qui donne cette information dit que son père avait avisé son équipage qu'on trouverait terre à environ 750 lieues.

On ne la trouva pas cependant, bien qu'on la cherchât anxieusement, même au delà de la distance fixée, et les gens de l'équipage parlaient de rentrer à Palos. Grâce à l'intervention énergique de Pinzon, tout rentra dans l'ordre et on continua la recherche en avançant de plus en plus vers l'Ouest. Il est à remarquer que dans tout le cours du long Journal de bord de Colomb, journal qui forme presque un volume, on ne trouve pas une seule expression indiquant qu'il s'agissait d'atteindre l'Asie et de frayer une nouvelle route conduisant aux îles des épices. Colomb ne pense qu'à l'île qu'il cherche et dont il croyait connaître exactement la situation.

Après avoir dépassé de 300 à 400 lieues la limite fixée, l'équipage montra de nouveau des signes de mécontentement et Pinzon proposa de quitter la route suivie jusqu'alors et de se diriger plus au sud. Changement, dit Las Casas, qui avait pour objet de gagner Cypangu. Quoi qu'il en soit, six jours après on découvrait l'île San Salvador.

A partir de ce moment, Colomb crut avoir été entraîné jusqu'aux limites de l'Asie orientale et chercha partout Cypangu qu'il reconnut d'abord dans Cuba et qu'il finit par identifier avec Haity qui, nous dit son fils, était l'île même qu'il cherchait et qu'il aurait trouvée même si on n'avait pas changé de route.

Colomb n'a jamais nommé l'île à la découverte de laquelle il avait consacré tant d'efforts, mais la critique est en mesure de la désigner. C'est l'île Antilia qui figure d'une manière ostensible sur plusieurs cartes du xvᵉ siècle, notamment sur celles de Bianco et de Benincasa, et dont la découverte ancienne, dans une région de l'Occident qu'on ne pouvait préciser, faisait l'objet d'une légende à laquelle tous les hommes de mer du temps ajoutaient foi. Pour la retrouver, plusieurs expéditions avaient été faites sans obtenir aucun résultat et une autre se préparait dans ce but, au moment même où Colomb quittait le Portugal. La preuve que c'est bien sur cette île fameuse que Colomb avait recueilli des renseignements qui lui inspiraient une si grande confiance résulte des faits suivants : Le témoignage du pilote Agron qui assistait au départ de l'expédition de Colomb et qui dit qu'elle allait à la découverte de l'île Antilia ; les propos des gens de mer de Palos qui hésitaient à s'engager avec Colomb parce que l'île qu'il prétendait découvrir avait déjà fait l'objet de vaines recherches, propos qui ne peuvent s'appliquer qu'à cette île ; le témoignage de Vespuce qu'Antilia fut découverte par Colomb ; et enfin la déclaration faite au port de Lisbonne par les gens de Colomb, et peut-être par lui-même, quand son navire dut faire escale à ce port, qu'on revenait de la découverte d'Antilia et de Cypangu.

A ces indications, déjà si explicites, on peut en ajouter d'autres à l'appui de cette interprétation des données acquises ; l'une est la déclaration que les gens du navire de Pinzon firent à Agron qu'ils venaient de découvrir Antilia, une autre, et non des moins importantes, résulte du transfert spontané et général du nom d'Antilia à l'archipel découvert par Colomb, nom qui disparaît alors de toutes les cartes comme île isolée de la région des Açores. Remarquons aussi que les Portugais, qui furent les premiers à connaître les découvertes de Colomb, inscrivent, sur la plus ancienne carte que nous ayons d'eux, celle de Cantino de 1502, et à la place même de nos Antilles, les mots suivants : *las antilhas del Rey de Castella*, auxquels ils ajoutent : découvertes par Colomb. De tous ces faits il faut nécessairement conclure que pour les contemporains c'est l'île perdue d'Antilia que Colomb redécouvrit.

La découverte d'Haïty, que Colomb nomma Española, mit fin, substantiellement, à sa grande entreprise et l'heureux Génois rentre à Palos avec la conviction que l'île qui avait toujours fait l'objet de ses préoccupations se trouvait dans la mer des Indes, mais sans se douter qu'il avait révélé l'existence d'un monde nouveau.

Il semble que l'exposé rapide, mais rigoureusement exact, que je viens de faire des conditions dans lesquelles la grande entreprise de 1492 fut conçue, préparée et exécutée, montre clairement qu'elle n'avait d'autre objet que de faire de nouvelles découvertes géographiques dans l'Atlantique Occidental et que l'idée de frayer une route nouvelle pour se rendre aux Indes Orientales y fut complètement étrangère.

Comment se fait-il donc que, malgré tant de témoignages contraires, la postérité tout entière ait vu dans cette dernière idée l'objet même de l'entreprise de 1492 ? On va essayer de l'expliquer.

Le fait que Colomb avait des renseignements sur l'île qu'il cherchait était trop évident pour échapper à l'observation. Lui-même ne le cachait pas. Ainsi, au lendemain de sa découverte, ses propres compagnons, rapporte Las Casas, disaient qu'il n'avait trouvé que ce qu'on lui avait indiqué. L'historien des Indes qui a consacré un chapitre à ce sujet dit qu'il ignore si ces propos sont fondés, mais admet qu'ils peuvent l'être parce que la Providence qui avait choisi Colomb pour en faire le révélateur de l'existence du Nouveau Monde a pu vouloir l'éclairer de cette manière.

Mais le grand Génois n'était pas sympathique ; son caractère hautain, distant, ses exigences, son âpreté au gain, lui avaient fait peu d'amis et l'idée qu'il avait profité de la découverte d'un autre s'accrédita si facilement qu'on devait croire qu'elle s'imposerait à la postérité.

Outre que cette manière d'interpréter l'œuvre de Colomb était à la fois injuste et erronée, elle nuisait grandement à sa mémoire et on conçoit que les membres de sa famille ou ses amis aient voulu tenter de faire revenir l'opinion publique sur ce point. Toujours est-il que 50 ans après la mort de Colomb, alors que personne ne soupçonnait qu'il avait été question, en 1492, de se rendre aux Indes par une voie plus courte que celle suivie ordinairement et qu'il était admis, comme le dit Oviedo, que l'unique objet de la grande expédition était la découverte des îles mêmes qui furent découvertes, le fils de Colomb produisit une lettre attribuée à l'astronome Toscanelli qui donnait à cette expédition un tout autre caractère.

Cette lettre, que personne ne connaissait, bien qu'elle était censément destinée à un Roi de Portugal, et dont, depuis, on n'a pu trouver aucune trace ailleurs que chez les Colomb, conseillait au futur découvreur de se rendre aux Indes par l'ouest et confirmait si naturellement le dessein qu'il s'était attribué, après sa découverte, qu'elle eût tout l'effet qu'on en pouvait attendre. A dater de sa publication dans l'ouvrage de Fernand Colomb, qui ne parut qu'en 1571 et de sa reproduction par Herrera en 1602 qui l'emprunta à Las Casas, lequel l'avait sans doute prise au fils du découvreur dont il utilisa les papiers, il fut entendu que l'entreprise de 1492 avait eu pour objet la découverte d'une route nouvelle pour se rendre aux extrémités orientales de l'Asie.

Les circonstances dans lesquelles cette lettre fut produite, l'impossibilité de remonter à son origine et, par-dessus tout, son contenu qui n'est pas ce qu'on pouvait attendre d'un véritable savant, l'ont fait considérer à juste titre comme apocryphe et celui qui a l'honneur de vous parler a donné des preuves du fait. Mais il importe de dire que cette pièce pourrait être authentique sans qu'il en résultât que Colomb avait fait ce qu'on lui conseillait de faire et c'est là la question essentielle. Cette lettre de 1474 n'a d'importance, en effet, que dans le cas où il serait démontré que l'entreprise de 1492 avait le passage aux Indes pour objet. Dans ce cas seulement, qui n'est pas le nôtre, on serait fondé à voir dans Toscanelli l'initiateur de la découverte de l'Amérique. Bornons-nous donc à constater le fait bien acquis que, sans la publication de cette pièce, qui ne pouvait venir que des seuls Colomb, on aurait continué à voir dans l'entreprise de 1492 ce qu'elle fut réellement et ce que Oviedo, Gomara et les contemporains y ont vu.

La lettre de Toscanelli écartée, il faut constater qu'aux nombreux faits qui contredisent la tradition colombienne, il faut en mentionner un qui semble la confirmer : c'est la lettre de créance adressée au Grand Kahn. On ne saurait dissimuler l'importance de cette pièce qui n'est pas d'origine colombienne, qui a un caractère officiel indéniable et qui prouve clairement qu'on avait prévu le cas d'une navigation jusqu'aux régions où dominait ce potentat de l'Asie orientale.

Mais si l'on veut bien se rappeler les conditions, indiquées plus haut, dans lesquelles la grande expédition fut organisée, on se rendra aisément compte que l'existence de cette lettre n'implique pas nécessairement que Colomb s'était proposé d'aller aux Indes et que son expédition était faite pour cela.

On a vu, en effet, que Colomb, qui trouva les gens de mer peu disposés à s'associer à son projet, dût recourir à Pinzon, dont l'influence était considérable et que, celui-ci, qui s'était tenu à l'écart, parce qu'il méditait lui-même d'aller à la recherche de Cypangu, finit par s'entendre avec l'Amiral à des conditions que nous ne connaissons pas, mais dont l'une, tout au moins, se laisse deviner, quand on voit ce marin participer avec une de ses caravelles à l'expédition, y entraîner les membres de sa famille et décider les plus hésitants à suivre son exemple en leur vantant les richesses de Cypangu d'où ils pourraient revenir avec une fortune.

On a vu aussi que s'il fit changer la route suivie, par ordre de Colomb, ce fut, selon Las Casas, dans l'espoir qu'on arriverait ainsi à Cypangu. Il n'est donc pas permis de douter que la condition principale mise par Pinzon à son concours fut que l'expédition ne se bornerait pas à la recherche de l'île que Colomb avait en vue, mais qu'on s'efforcerait aussi de trouver l'île dont ce marin avait promis la découverte à tant de gens.

Dans ces conditions il était tout naturel que Pinzon demandât qu'on se munît de lettres de créance pour le Grand Kahn, dont la puissance était supposée s'étendre jusqu'à Cypangu.

Si cette explication de l'existence de ces lettres n'est pas acceptée, si on maintient qu'elles furent données à Colomb parce que son expédition avait pour but les Indes asiatiques, il faut alors dire que cette pièce seule suffit pour annuler la longue suite de faits qui montrent jusqu'à l'évidence, que Colomb n'avait d'autre objet, en 1492, que la découverte de l'île sur laquelle il avait recueilli patiemment de nombreuses indications qui lui paraissaient sûres.

A la lumière de ces faits que les histoires modernes de la découverte de l'Amérique, écrites sous l'influence de la tradition colombienne, passent sous silence ou mentionnent à peine, on est fondé à dire que la grande expédition de 1492 avait deux buts en vue : la découverte, par Colomb, de l'île mentionnée sur d'anciennes cartes sous le nom d'Antilia, et celle, par Pinzon, de l'île de Cypangu, le Japon, dont on disait merveille, mais dont la situation n'était que vaguement connue. Cette conclusion que justifient tous les faits qui ont été relevés ci-dessus, l'est plus particulièrement encore par la déclaration faite au Roi Jean II, mentionnée plus haut, que Colomb, revenait de la découverté d'Antilia et de Cypangu.

Est-ce à dire que la découverte de l'Amérique est due à Pinzon.

Nullement. Il est permis de se demander si, après avoir dépassé la limite fixée par lui, Colomb n'aurait pas été obligé de céder au mauvais vouloir de son équipage et de renoncer à son entreprise sans l'intervention énergique de Pinzon. Mais ce point douteux écarté, il reste certain que, même si la route suivie jusqu'au 7 octobre 1492 n'avait pas été changée, Colomb aurait découvert soit l'une des îles Lucayes, soit la pointe méridionale de la Floride. Le changement de direction obtenu par Pinzon n'a donc pas amené la grande découverte qui était inévitable.

Je crois en avoir assez dit pour convaincre ceux dont l'opinion n'est pas faite d'avance que la tradition accréditée sur la découverte de l'Amérique ne repose sur aucune base historique et que c'est par une perversion des faits les mieux établis, dont il n'y a peut-être pas d'autre exemple, que la version colombienne de ce grand événement s'est implantée dans l'histoire. J'ajoute que cette rectification historique ne diminue pas le rand Génois.

Recueillir avec soin pendant des années toutes les données connues sur l'existence de terres occidentales, étudier leurs sources, distinguer celles qui avaient une valeur réelle et savoir en tirer partie, n'est pas l'œuvre d'un esprit vulgaire et ce fut celle de Colomb. Assurément il avait des indications, mais il les devait à son génie investigateur, à son esprit critique, à la persistance de ses enquêtes et non à quelque révélation. Les faits qu'il enregistra et qu'il interpréta étaient connus par d'autres que par lui ; mais seul il sut distinguer ce qu'ils contenaient de réel et d'utile. A bien voir les choses, son mérite est plus grand que celui que, dans une phase extraordinaire d'excitation mentale, il s'imagina avoir faite et avoir toujours voulu faire.

Il ne faut donc pas hésiter à dire que la conclusion suivante s'impose.

L'Amérique ne fut pas découverte dans une tentative de passage d'Europe en Asie par la voie de l'Ouest, mais parce qu'après avoir étudié les cartes de l'Atlantique, qui existaient alors, où figurait, dans l'Occident lointain, une île Antilia, dont on ne savait rien, et avoir médité les traditions qui s'y rapportaient, Colomb acquérit la certitude que cette île existait réellement et qu'il pourrait la redécouvrir, ce que sa ténacité, son énergie et la force de sa conviction lui permirent de faire.

J'arrête ici ce que j'ai à dire à ce sujet, sur lequel je ne reviendrai plus. Je suis dans ma 92ᵉ année et mes forces ne me permettent plus de continuer une campagne commencée il y a trente ans et poursuivie sans relâche depuis lors... Je renvoie toutefois à mon *Histoire de la grande entreprise de 1492* pour compléter la démonstration dont je viens de donner les preuves principales et fournir les références que j'ai dû omettre ici (1).

Henry VIGNAUD.

(1) Mon *Histoire de la grande entreprise de 1492* (3 vol. 8°) fut publiée, de 1905 à 1911, par Welter qui était alors un des notables éditeurs de Paris. Cet ouvrage est maintenant sous séquestre avec les biens des autres Allemands établis en France. On m'assure que ce séquestre va bientôt prendre fin.

CAHORS, IMP. COUESLANT (personnel intéressé). — 25.699